This Book Belong to:

____

____

____

Date:

Date:

Date:

Date:

Date:

Date:

Date:

Date:

Date:

Date:

Date:

Date:

Date:

Date:

Date:

Date:

Date:

Date:

Date:

Date:

Date:

Date:

Date:

Date:

Date:

Date:

Date:

Date:

Date:

Date:

Date:

Date:

Date:

Date:

Date:

Date:

Date:

Date:

Date:

Date:

Date:

Date:

Date:

Date:

Date:

Date:

Date:

Date:

Date:

Date:

Date:

Date:

Date:

Date:

Date:

Date:

Date:

Date:

Date:

Date:

Date:

Date:

Date:

Date:

Date:

Date:

Date:

Date:

Date:

Date:

Date:

Date:

Date:

Date:

Date:

Date:

Date:

Date:

Date:

Date:

Date:

Date:

Date:

Date:

Date:

Date:

Date:

Date:

Date:

Date:

Date:

Date:

Date:

Date:

Date:

Date:

Date:

Date:

Date:

Date:

Date:

Date:

Date:

Date:

Date:

Date:

Date:

Date:

Date:

Date:

Date:

Date:

Date:

Date:

Date:

Date:

Date:

Date:

Date:

Made in the USA
Middletown, DE
13 October 2022

12649123R00071